Sumário

**Seu estresse está fora de controle?
Veja qual é a sua pontuação**
página 8

Tente uma nova forma de controlar o estresse. Você consegue!
páginas 15 e 16

Como ter mais tempo?
páginas 25 a 27

Você corre risco de se esgotar por excesso de trabalho?
página 33

Aperte o botão de pausa na sua vida!
páginas 41 a 43

O que é o estresse? 3
Reconheça os sinais de estresse 5
O que causa estresse? 9
Assuma o compromisso de mudar 11
Como enfrentar o estresse dos dias de hoje? 13
Pense positivo 17
Mude sua forma de reagir 21
Proteja seu tempo 25
Controle o estresse relacionado ao trabalho 28
Reflita sobre as relações familiares 34
Cuide do seu corpo.......................... 37
Aprenda a relaxar 41
Mantenha a calma 44
Quando procurar ajuda profissional 48
Cartões para lidar com o estresse .. 51

Título original: *Mi solución al estrés*

Anima

Anima Editora
Rua Visconde de Inhaúma, 77/1001
CEP 20091-007 – Fax: 2255-6066
Rio de Janeiro, RJ
e-mail: jsalomao@animaeditora.com.br

Edição em português:
Coordenação Editorial: Maria José de Sant'Anna e Jaqueline Lavôr
Adaptação de projeto gráfico e capa: WM Design
Assistente de Design: Victor Mauricio Bello
Tradução: Renato Rezende e Beatriz Bastos
Copidesque: Obra Completa Comunicação Ltda.
Revisão técnica: Dra. Cristiana Osório
Revisão ortográfica: Flávia Barreto

Imágens © Artville, BancnaStock, Photodisc e Stockbyte

Este livro não apoia nenhuma empresa ou produto. MAYO, MAYO CLINIC, MAYO CLINIC HEALTH INFORMATION e o logotipo da Clínica Mayo em forma de três escudos são marcas da Mayo Foundation for Medical Education and Research.

Todos os direitos reservados. Nenhuma parte deste livro pode ser reproduzida ou usada sob nenhuma forma ou por nenhum meio, eletrônico ou mecânico, incluindo fotocópia e gravação, ou por nenhum sistema de armazenamento e recuperação de informações, exceto para citações breves e com indicação da fonte, sem permissão por escrito da editora.

A tradução deste livro foi preparada pela Editora Anima sob licença da Mayo Foundation for Medical Education and Research. A Anima é a única responsável pela veracidade desta tradução.

CIP-BRASIL. CATALOGAÇÃO-NA-FONTE
SINDICATO NACIONAL DOS EDITORES DE LIVROS, RJ

M62

Minha solução para o estresse : seu guia pessoal para controlar o estresse / Mayo Clinic ; tradução de Renato Rezende e Beatriz Bastos. - Rio de Janeiro : Anima, 2009.
   il.

Tradução de: Mi solución al estrés
Apêndice
ISBN 978-85-88598-27-0
1. Stress (Psicologia) - Obras populares. 2. Administração do stress - Obras populares. I. Mayo Clinic. II. Título: Seu guia pessoal para controlar o estresse

09-2062.

CDD: 155.9042
CDU: 159.944.4

04.05.09   08.05.09   012445

O que é o estresse?

A vida moderna envolve correrias contra o tempo e frustrações. Em outras palavras, é estressante. A pressa para cumprir prazos, ficar parado no trânsito, discutir com seu parceiro – todas estas situações podem fazer com que seu corpo reaja como se estivesse enfrentando uma ameaça física. Resumindo: o estresse é uma resposta física e emocional a uma situação específica.

O estresse pode ser agudo ou crônico. Se o seu nível de estresse é quase sempre alto, você pode ficar vulnerável a problemas de saúde letais. Ainda bem que é possível desenvolver habilidades para evitar algumas causas de estresse e limitar os efeitos de outras.

A resposta do estresse

O estresse é uma *reação* a um fato, e não o fato em si mesmo. Muitas vezes chamamos esta reação de "lutar ou fugir", e ela se dá automaticamente quando você se sente ameaçado. A ameaça pode ser qualquer situação que você ache perigosa, mesmo que não seja de fato. Por isso a forma como percebemos as coisas é tão importante.

O nosso corpo, quando se sente em perigo, responde liberando hormônios para a corrente sanguínea, entre eles, a adrenalina e o cortisol. Estes hormônios ajudam na concentração, fazem nossos reflexos ficarem mais rápidos e aumentam nossa força e agilidade. Simultaneamente, a frequência cardíaca e a pressão arterial aumentam, já que mais sangue está sendo bombeado pelo organismo. Isto prepara o corpo para fazer o que for necessário para se adaptar e sobreviver. É o que chamamos de *resposta do estresse*.

Nem todo estresse é ruim. Ele pode ser positivo quando produz energia direcionada ao crescimento, à ação e à mudança, como o estresse associado à espera do nascimento de uma criança ou, por exemplo, a uma promoção no trabalho. Ainda assim, quando o estresse é excessivo, dura muito ou está relacionado a experiências negativas, pode ser prejudicial à saúde.

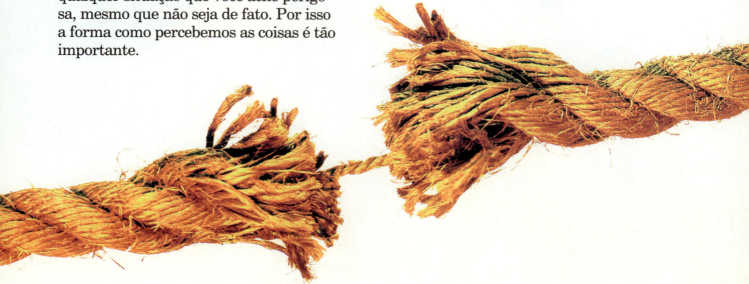

Reações pessoais ao estresse

A sua forma de reagir a uma causa específica de estresse pode ser diferente da de outra pessoa. Há aqueles que por natureza não respondem a quase nada, enquanto outros reagem em excesso a qualquer sinal de estresse. A maioria das pessoas se encontra entre esses dois extremos.

É possível que variações genéticas expliquem, em parte, as diferenças. Os genes que controlam o nível de estresse mantêm a maioria das pessoas com um estado de ânimo equilibrado, e apenas em certas ocasiões preparam o corpo para lutar ou fugir. É possível que reações exageradas ou diminuídas aos estímulos do estresse derivem das ligeiras diferenças em nossos genes.

Pode ser que experiências de vida também aumentem a sua sensibilidade ao estresse. Às vezes, reações fortes podem ter sua origem em contextos anteriores. Pessoas que sofreram muito estresse na infância tendem a ser particularmente vulneráveis ao estresse quando adultos.

Controle a situação

Ainda que você não possa evitar o estresse totalmente, pode aprender a administrá-lo com maior eficiência. Ao utilizar este manual de trabalho, o primeiro passo já foi dado.

Por meio de *Minha solução para o estresse*, você vai aprender a reconhecer sinais e sintomas do estresse e o impacto que ele pode ter na sua saúde. Você também vai aprender estratégias para dominar o estresse e transformá-lo em uma força positiva na sua vida. As recompensas incluem menos cansaço, maior tranquilidade mental e, possivelmente, uma vida mais longa e saudável.

Reconheça os sinais de estresse

Depois que lutamos contra uma situação estressante, ou escapamos dela, os níveis de cortisol e adrenalina na corrente sanguínea diminuem. Consequentemente, a frequência cardíaca e a pressão arterial voltam ao normal, e a digestão e o metabolismo retomam seu ritmo habitual.

É claro que se as situações estressantes forem se acumulando, o corpo não terá tempo para se recuperar. Se você estiver sempre estressado, a longo prazo isto pode levar a alterações em quase todos os processos do organismo, aumentando o risco de insônia, transtornos digestivos, depressão, doenças cardíacas e outros males.

Sistema digestivo

Pode apresentar dor de estômago ou diarréia por causa do estresse. Isto acontece porque os hormônios do estresse atrasam a liberação de ácido estomacal e o esvaziamento do estômago. Os mesmos hormônios estimulam o intestino grosso, acelerando a passagem do conteúdo.

Sistema imunológico

O estresse crônico pode debilitar o sistema imunológico, o que faz com que o organismo fique mais suscetível a resfriados e outras infecções. Tipicamente, quando se tem uma infecção, o sistema imunológico libera várias substâncias que provocam inflamação. Como resposta, as glândulas suprarrenais produzem cortisol, que desativa a resposta imunológica e inflamatória. Sendo assim, o estresse prolongado pode manter os níveis de cortisol elevados, fazendo com que o sistema imunológico fique comprometido.

Às vezes, o estresse provoca o efeito oposto, e faz com que o sistema imunológico responda de modo exagerado. O resultado é um aumento no risco de doenças autoimunes, nas quais o sistema imunológico ataca as células do nosso corpo. E ainda, o estresse pode piorar os sintomas dessas doenças, como desencadear um ataque de lúpus.

Sistema nervoso

Se você sempre fica estressado, os hormônios podem produzir sensações persistentes de ansiedade, irritabilidade e agitação. O estresse crônico pode ter como resultado níveis continuamente elevados de cortisol, o que pode aumentar o risco de depressão. Quantidades excessivas deste hormônio também podem causar transtornos do sono ou perda do apetite sexual. Os subprodutos do cortisol podem atuar como um sedativo e provocar um sentimento generalizado de depressão. A depressão, por sua vez, pode aumentar ou reduzir o apetite, afetando seu peso.

Sistema cardiovascular

Níveis altos de cortisol também podem aumentar o batimento cardíaco e o nível de lipídios sanguíneos (colesterol e triglicerídeos) e aumentar temporariamente a pressão arterial. Estes são fatores de risco tanto para ataques cardíacos como para acidentes vasculares cerebrais.

Outros efeitos na saúde

O estresse pode estar relacionado com outros problemas de saúde. Por exemplo, pode desencadear ataques de asma e piorar muitos problemas de pele, como psoríase, eczema, urticária e acne.

O estresse pode causar hipertensão?

Os indivíduos com personalidade do tipo A estão destinados a desenvolver hipertensão, verdade? Não, não é verdade. Estar estressado, ser competitivo ou impaciente pode ter consequências negativas, mas a hipertensão arterial não é necessariamente uma delas. Ainda que o estresse possa estar ligado a uma elevação temporária da pressão arterial, é difícil localizar uma conexão entre este e a hipertensão permanente.

Se você ficar estressado, é possível que a sua pressão arterial aumente de maneira drástica devido ao aumento temporário de cortisol e adrenalina, mas quando o fator de estresse desaparece, a pressão arterial volta ao normal. Ainda assim, mesmo aumentos temporários de pressão, se ocorrem com muita frequência, podem prejudicar seu coração, vasos sanguíneos e rins de um modo semelhante ao da hipertensão crônica.

Se você reage ao estresse fumando, bebendo álcool ou comendo alimentos pouco saudáveis, isso pode aumentar seu risco de hipertensão, ataque cardíaco e acidente vascular cerebral. As estratégias de controle do estresse podem ajudar você a fazer mudanças saudáveis no seu estilo de vida, até mesmo de comportamento, que podem reduzir sua pressão arterial.

Sinais e sintomas de excesso de estresse

O estresse pode estar prejudicando sua saúde sem que você perceba. A seguir, assinale qualquer sinal ou sintoma que seja frequente, ou que o deixe angustiado, ou que faça você sentir que não consegue funcionar normalmente. Quanto mais quadrados marcados, é possível que mais estresse esteja afetando a sua saúde. Mostre os resultados para um médico ou outro profissional de saúde para que possam ajudá-lo avaliar sua saúde geral.

Efeitos do estresse...

No seu corpo
- [ ] Dor de cabeça
- [ ] Dor no peito
- [ ] Palpitações
- [ ] Hipertensão arterial
- [ ] Dificuldade para respirar
- [ ] Dores musculares, por exemplo, nas costas e no pescoço
- [ ] Mandíbulas travadas
- [ ] Ranger de dentes
- [ ] Garganta apertada e seca
- [ ] Indigestão
- [ ] Prisão de ventre ou diarreia
- [ ] Cólica ou distensão abdominal
- [ ] Muita transpiração, fazendo com que suas mãos fiquem frias e úmidas
- [ ] Fadiga
- [ ] Insônia
- [ ] Aumento ou perda de peso
- [ ] Problemas de pele como urticária
- [ ] Disfunção sexual

Nos seus pensamentos e sentimentos
- [ ] Preocupação excessiva
- [ ] Ansiedade
- [ ] Raiva
- [ ] Irritabilidade
- [ ] Depressão
- [ ] Tristeza
- [ ] Inquietude
- [ ] Mudanças de humor
- [ ] Sensação de insegurança
- [ ] Dificuldade para se concentrar
- [ ] Confusão
- [ ] Falta de memória
- [ ] Ressentimento
- [ ] Tendência a culpar os outros por seus sentimentos
- [ ] Tendência a ver apenas aspectos negativos de pessoas ou situações
- [ ] Culpa
- [ ] Apatia
- [ ] Sensação de insignificância

No seu comportamento
- [ ] Excesso ou falta de apetite
- [ ] Aumento de discussões
- [ ] Explosões de raiva à menor provocação
- [ ] Aumento do uso de álcool e drogas
- [ ] Aumento de tabagismo
- [ ] Retraimento ou isolamento
- [ ] Ataques de choro
- [ ] Irresponsabilidade
- [ ] Baixa produtividade
- [ ] Insatisfação com o trabalho
- [ ] Desempenho ruim no trabalho
- [ ] Aumento das dificuldades
- [ ] Esgotamento
- [ ] Mudança nos padrões de sono
- [ ] Mudanças negativas nas relações próximas
- [ ] Hábitos ou tiques nervosos
- [ ] Impaciência
- [ ] Redução de interesse sexual

Avalie o seu nível de estresse

Marque o quadrado com sua resposta para cada pergunta.

1. **Qual é seu nível de estresse? (1 é o mais baixo e 5 o mais alto)**
   - ☐ 1
   - ☐ 2
   - ☐ 3
   - ☐ 4
   - ☐ 5

2. **No último mês, quantas vezes você sentiu que é incapaz de controlar as coisas importantes da sua vida?**
   - ☐ Nunca = 0
   - ☐ Quase nunca = 1
   - ☐ Às vezes = 2
   - ☐ Com frequência = 3
   - ☐ Com muita frequência = 4

3. **No último mês, com que frequência você se sentiu confiante na sua capacidade para administrar problemas pessoais?**
   - ☐ Nunca = 4
   - ☐ Quase nunca = 3
   - ☐ Às vezes = 2
   - ☐ Com frequência = 1
   - ☐ Com muita frequência = 0

4. **No último mês, quantas vezes você sentiu que as coisas iam como desejava?**
   - ☐ Nunca = 4
   - ☐ Quase nunca = 3
   - ☐ Às vezes = 2
   - ☐ Com frequência = 1
   - ☐ Com muita frequência = 0

5. **No último mês, quantas vezes você sentiu que as dificuldades eram tantas que não poderia superá-las?**
   - ☐ Nunca = 0
   - ☐ Quase nunca = 1
   - ☐ Às vezes = 2
   - ☐ Com frequência = 3
   - ☐ Com muita frequência = 4

Pontuação para a pergunta 1

- **1 ou 2 = Pouco estresse:** pouco estresse está associado a uma vida mais saudável, menos cansaço e maior paz mental. Mas fique atento a qualquer sinal ou sintoma de estresse.
- **3 = Estresse moderado:** com o tempo, mesmo níveis moderados de estresse podem ter consequências graves para sua saúde.
- **4 ou 5 = Alto nível de estresse:** um nível alto de estresse representa risco de consequências graves para a saúde, entre elas obesidade, doenças cardíacas e depressão.

Pontuação total para as perguntas 2 a 5*

Quanto mais pontos acumular, maior o seu nível de estresse, aumentando a probabilidade de que o estresse tenha um impacto negativo na sua saúde.

*Fonte: Cohen, s., Kamarck, T. Mermelstein, R. *A Global Measure of Perceived Stress. Journal of Health and Social behavior;* 1983.

O que causa estresse?

O primeiro passo para controlar o estresse é identificar e refletir sobre o que causa estresse em você. Marque a seguir cada uma das categorias que, no momento, são causas de estresse. Não se preocupe se não encontrar exatamente o seu problema na lista.

- [ ] **Família e relacionamentos.** Você tem problemas com a sua família ou outras pessoas próximas? Casou-se recentemente e está se adaptando? Enfrenta os altos e os baixos da gravidez, ou tem problemas conjugais? Está lidando com uma separação ou divórcio? Os seus pais são velhos e precisam dos seus cuidados?
- [ ] **Saúde.** Alguma pessoa por quem você é responsável tem uma doença crônica ou aguda, ou se encontra incapacitada por uma lesão de longa duração? Você sofre por sentir dor? Você está preocupado com seu peso?
- [ ] **Morte esperada ou inesperada de uma pessoa querida.** Você sofreu recentemente a perda de um amigo ou familiar próximo? Está na expectativa da morte de alguém que você ama ou gosta?
- [ ] **Administrando o tempo.** Você tem uma lista quilométrica de pendências e precisa de tempo para realizá-las? Tem a impressão de sempre deixar as coisas para a última hora?
- [ ] **Equilíbrio entre trabalho e vida.** Está desequilibrada a relação entre seu trabalho e sua vida? Você está viciado no trabalho? Deixa de ir a eventos familiares importantes por causa do trabalho? Quando sai de férias leva trabalho para fazer e liga constantemente para o escritório? Você fica incomodado por ser um pai que trabalha?
- [ ] **Estresse no trabalho.** Mudou de emprego recentemente? Tem conflitos com seu chefe ou colegas de trabalho? Tem um emprego no qual não há chances de promoção? Perdeu seu emprego?
- [ ] **Preocupações financeiras ou outras preocupações.** Você está tenso por causa de dívidas? Há outras coisas sobre as quais não consegue deixar de pensar?

Avalie cada causa de estresse

Anote as categorias de estresse da página anterior e faça uma lista das causas de estresse específicas que você enfrenta. Em seguida, qualifique seu nível de estresse para cada uma.

Categoria (da página 9)	Causas específicas de estresse que você enfrenta	Nível de estresse de 1 (menor) a 5 (maior)

Três perguntas importantes

Pergunte-se em relação a cada causa de estresse:

1 É um problema que desaparecerá em breve, ou é uma questão a longo prazo que devo encarar?

2 Posso fazer algo para controlar este problema, ou devo só me concentrar em controlar minha reação?

3 Posso estabelecer algum limite em relação a mim mesmo ou aos outros que possa me ajudar a resolver este problema?

Na medida em que você avançar na *Minha solução para o estresse*, vai explorar técnicas para lidar com cada causa de estresse e desenvolver um plano para controlá-las.

Assuma o compromisso de mudar

A motivação é um processo mental que aumenta a sua determinação para alcançar um objetivo. Ela impulsiona a ação, dando-lhe um sentido. Se você está motivado e disposto a comprometer-se com mudanças, aumentará suas chances de incorporar um plano de redução do estresse ao seu estilo de vida.

Comece com objetivos simples e depois avance para outros maiores. Lembre-se que seus objetivos devem ser realistas e factíveis. É fácil ficar frustrado e se dar por vencido se os objetivos são muito audaciosos.

Continue motivado

Quão motivado você está para mudar a maneira como reage ao estresse? Faça um círculo ao redor do número que melhor reflete sua motivação em dias diferentes. Depois, ligue os círculos com uma linha para ver se seu nível de motivação altera com o passar do tempo.

ALTA					
	10	10	10	10	10
	9	9	9	9	9
	8	8	8	8	8
	7	7	7	7	7
	6	6	6	6	6
	5	5	5	5	5
	4	4	4	4	4
	3	3	3	3	3
	2	2	2	2	2
	1	1	1	1	1
BAIXA	início	data	data	data	data

Compromisso com *Minha solução para o estresse*

Quando você estiver pronto para assumir o compromisso de encontrar formas para reduzir o estresse, leia e assine a seguinte promessa. Volte a ela periodicamente para se lembrar do compromisso.

Eu, _____, estou pronto para assumir o compromisso de aprender como melhor administrar meu estresse. Estou ciente de que dei o primeiro passo ao utilizar este manual de trabalho.

Como me comprometo a ter um estilo de vida mais saudável, prometo lembrar e refletir sobre as informações que são dadas por este programa. Trabalharei para alcançar meus objetivos com a ajuda e apoio de pessoas próximas.

Também me comprometo a manter a mente aberta em relação à variedade de estratégias para o controle do estresse. Sei que sou uma pessoa única e preciso desenvolver um plano adequado a mim. Com o desejo de me abrir para técnicas novas e diferentes, prometo experimentar estratégias que ainda não tentei, mesmo que isso signifique sair do que me é conhecido e familiar.

Entendo que o estresse é uma parte inevitável da vida, mas se encontrar soluções sadias para controlá-lo, vou reduzir os sintomas por excesso de estresse e diminuirei suas consequências negativas, permitindo que eu veja a vida com novos olhos, e de forma mais saudável.

Assinatura: _____

Data: _____

Como enfrentar o estresse nos dias de hoje?

Uma vez que você se comprometa a reduzir o estresse, será preciso analisar e compreender como reage a ele no calor do momento. Esta é a base para, futuramente, ser bem-sucedido no controle do estresse. Algumas pessoas parecem não se afetar enquanto outras ficam angustiadas diante do menor sinal de problema. A maioria das pessoas responde ao estresse de forma intermediária. Ligeiras diferenças genéticas e nas relações com os pais durante a infância também influenciam a forma como se lida com o estresse.

Encontre padrões

Considere seu comportamento atual e como você lida com o estresse. Leia a continuação nos casos que se aplicam a você:

- ☐ **Fica tenso?** Tensão no pescoço e nos ombros e frequente cerrar de mandíbulas ou dos punhos são os primeiros sinais de estresse. Este último pode causar incômodos estomacais, dificuldade para respirar, dor nas costas, dores de cabeça e outros sintomas físicos.
- ☐ **Quer comer?** Estresse e excesso de comida estão muitas vezes relacionados. O estresse pode fazer com que você coma mesmo que não tenha fome, ou que perca o controle sobre seus hábitos de alimentação e exercício.
- ☐ **Fica impaciente?** Você se pega dando voltas sem parar pelo quarto ou agitado e nervoso? Talvez tenha problemas de concentração ou para dormir de noite.
- ☐ **Sente raiva?** Possivelmente, quando você está sob pressão, acaba discutindo com colegas de trabalho, amigos ou pessoas queridas, algumas vezes depois de uma mínima provocação ou por causa de coisas que não têm nada a ver com o que realmente desencadeou o estresse.
- ☐ **Chora com facilidade?** O estresse pode desencadear ataques de choro ou outras descargas emocionais.
- ☐ **Você se dá por vencido?** Às vezes o estresse é tanto que você prefere não lidar com o problema. Pode ser que negue o problema, o evite, ligue dizendo que está doente ou simplesmente se dê por vencido.
- ☐ **Deixa que pensamentos negativos o dominem?** É possível que quando você esteja estressado espere sempre o pior ou exagere os aspectos negativos de uma situação.
- ☐ **Fuma?** Mesmo que você tenha parado de fumar há muito tempo, pode ser que fumar um cigarro pareça uma forma fácil de relaxar. De fato, o estresse era considerado como a causa principal de recaídas no tabagismo, e é uma faca de dois gumes. Além dos óbvios riscos para a saúde devido ao tabaco, a nicotina atua como estimulante, desencadeando muitos sintomas de estresse.
- ☐ **Recorre ao álcool ou outras drogas?** O estresse leva muitas pessoas a beber em excesso ou a ter outros comportamentos arriscados, entre eles o abuso de drogas.
- ☐ **Você tem apenas uma forma de controlar o estresse?** Se sempre usa apenas uma forma para reduzir o estresse, ou se ela está ligada a comportamentos pouco saudáveis, já é hora de você se abrir a outras táticas para lidar com o estresse.

Depois de identificar a maneira como enfrenta situações de estresse, comece a pensar em estratégias alternativas. Mudanças não acontecem do dia para a noite, mas agora você tem ao seu alcance novas ferramentas para lidar com as tensões. Entre em ação hoje.

Faça um registro do estresse

Faça cópias do formulário a seguir. Identifique os acontecimentos estressantes e a maneira como reage a eles. Ao fim de cada semana, reveja o que foi registrado. O que deixa você mais estressado de forma consistente? Procure relacionar as diferentes causas de estresse. Avalie se foi eficiente a forma como reagi em cada situação e pense o que poderia fazer melhor na próxima vez.

Registro de estresse da semana de:

	Evento estressante (breve descrição)	Suas reações físicas e emocionais	Nível de estresse: 1 (baixo) a 5 (alto)	Hora do dia	Lugar
Domingo			1 2 3 4 5		
Segunda			1 2 3 4 5		
Terça			1 2 3 4 5		
Quarta			1 2 3 4 5		
Quinta			1 2 3 4 5		
Sexta			1 2 3 4 5		
Sábado			1 2 3 4 5		

Qual é seu estilo natural de lidar com o estresse?

Experimente diversas estratégias para lidar com o estresse para ver como funcionam no seu caso; é claro que algumas delas podem se adequar melhor a sua personalidade. Utilize este questionário para definir qual é o seu estilo natural de lidar com o estresse. Faça um círculo ao redor da letra que mais se aproxima de sua resposta ideal.

❶ Quando estou frustrado, me sinto melhor se:
  A. Grito e descarrego numa almofada.
  B. Vou para um lugar tranquilo e conto até 10.
  C. Rezo.
  D. Passo o tempo pensando em possíveis soluções para o problema.

❷ Minhas férias ideais seriam:
  A. Acampar, fazer ciclismo ou canoagem.
  B. Relaxar num SPA.
  C. Sair para passear com bons amigos.
  D. Fazer aulas ou aprender um novo passatempo.

❸ Meus amigos e eu gostamos de:
  A. Jogar futebol, vôlei ou algum outro jogo ao ar livre.
  B. Fazer massagem por uma hora.
  C. Conversar sobre a vida ou trabalhar em projetos criativos, como um álbum de recordações.
  D. Jogos de mesa e ter longas discussões sobre bons livros.

❹ Quando tenho que tomar uma decisão difícil, me ajuda:
  A. Sair para correr ou caminhar. Sempre penso melhor quando me movimento.
  B. Respirar profundamente, concentrar-me em mim mesmo e pensar sobre o assunto.
  C. Conversar com minha parceira ou com meu melhor amigo.
  D. Fazer uma lista de vantagens e desvantagens.

❺ Acho difícil:
  A. Ficar sentado por muito tempo.
  B. Passar o dia inteiro correndo. Preciso de pelo menos alguns minutos de tranquilidade.
  C. Controlar minhas emoções.
  D. Experimentar algo novo sem saber exatamente qual é sua finalidade.

Avaliação

De acordo com a letra que foi escolhida o maior número de vezes, veja a seguir qual é o seu estilo natural de lidar com o estresse. Cada estilo tem formas preferidas de lidar com o estresse, mas é uma boa ideia experimentar as que não são conhecidas ou familiares. De fato, as que parecem menos fáceis podem ser melhores para lidar com causas específicas de estresse, ou com certas situações. Aprender a empregar com eficiência muitas formas de lidar com a tensão reduzirá o estresse.

Maioria A: Físico
Enquanto outros preferem evitar correrias e movimento, este tipo de pessoa gosta de ação. É provável que prefira formas físicas de lidar com o estresse, como fazer exercício e ioga.

Maioria B: Fisiológico
Tende a ser pensativo e contemplativo. É provável que goste de formas fisiológicas de lidar com o estresse, como praticar meditação ou *tai chi chuan*.

Maioria C: Emotivo
Valoriza as amizades próximas e a criatividade. Provavelmente gosta de envolver as emoções ao lidar com o estresse, como estabelecer um amplo sistema de apoio, ou expressar criativamente suas emoções, seu humor e sua espiritualidade.

Maioria D: Intelectual
Tende a ser metódico, cuidadoso e deliberado com cada situação. Usa estratégias racionais para lidar com o estresse, como pensar a solução de problemas, pensar positivamente e usar o tempo de forma eficaz.

O que impede você de lidar com o estresse de forma eficaz?

A seguir, escreva o que o impede de lidar com o estresse de forma eficaz, como acumular tarefas num curto espaço de tempo. Ao avançar neste livro, é possível que encontre outros obstáculos. Trabalhe para elaborar soluções que permitam que estes obstáculos sejam superados.

Pense positivo

Estudos mostram que o otimismo ou o pessimismo podem afetar sua qualidade de vida. O otimismo permite enfrentar melhor situações de estresse, e provavelmente pode reduzir os efeitos dele no seu organismo. O otimismo pode estar relacionado com outros benefícios para a sua saúde:

- Maior resistência a resfriados comuns
- Mais facilidade para respirar se sofre de doença pulmonar crônica, como enfisema
- Menor risco de doença coronariana
- Sensação de bem-estar e saúde
- Uma vida mais longa

Diálogo interno

O diálogo interno é o fluxo interminável de pensamentos que passam pela sua cabeça todos os dias. Estes pensamentos automáticos podem ser positivos ou negativos. Se as ideias que passam pela sua cabeça são em grande parte negativas, é muito provável que sua visão de vida seja pessimista. Se os seus pensamentos são em grande parte positivos, você deve ser otimista.

É possível reduzir o estresse quando se aprende a ter menos pensamentos negativos e a praticar um diálogo interno positivo. Parte deste diálogo tem sua origem na lógica e na razão, mas há ideias que podem estar ligadas a conceitos errôneos, devido à falta de informação ou a partir de padrões desenvolvidos através das experiências de vida. Na medida em que você praticar se concentrar em pensamentos racionais e positivos, seu diálogo interno vai se tornar mais realista, e sua confiança em si mesmo vai, pouco a pouco, aumentar.

Ideias equivocadas e pensamentos irracionais

É necessário livrar-se por completo de ideias equivocadas e pensamentos irracionais como:

- **Filtro.** Quando você aumenta os aspectos negativos de uma situação, filtrando ou eliminando os aspectos positivos. Por exemplo, no trabalho você termina suas tarefas antes do tempo e é elogiado por trabalhar rapidamente e com seriedade, mas esquece de algo menor. De noite, lembra apenas do que esqueceu, e não dos elogios.
- **Pessoal.** Quando algo ruim acontece você culpa a si mesmo automaticamente. Por exemplo, fica sabendo que os amigos cancelaram uma saída de noite e você presume que a mudança de planos se deu porque ninguém queria sua companhia.
- **Catastrófico.** Você espera sempre o pior. Não quer sair com os amigos com medo de fazer algo ridículo; ou uma pequena alteração na sua rotina diária pode levá-lo a pensar que o dia será um desastre.
- **Polarizador.** Para você só existem os extremos: o bem e o mal, o preto e o branco. Não há nada intermediário. Acha que tudo tem que ser perfeito, ou será um fracasso total.

Dê uma reviravolta nos pensamentos negativos

Você pode aprender a transformar pensamentos negativos em positivos. O processo é bastante simples, ainda que seja um desafio, especialmente no começo.

Comece por seguir uma regra simples: não diga a si mesmo o que não diria a outra pessoa. Ao longo do dia, pare e analise o que está pensando. Se descobrir que seus pensamentos são negativos, tente torná-los positivos.

É preciso tempo e prática

Se você tende a ter uma visão negativa, não espere virar um otimista da noite para o dia, mas chegará um momento em que seus pensamentos internos serão menos autocríticos, e de mais aceitação de si mesmo.

A prática de um diálogo interno positivo vai melhorar sua visão das coisas. Quando nosso estado mental é mais otimista, é possível lidar com o estresse cotidiano de maneira realista e construtiva.

Pratique o diálogo interno de forma positiva

A seguir estão exemplos típicos de diálogos internos negativos e como você pode transformá-los em positivos:

Diálogo interno negativo	Pensando positivo
Nunca fiz isso	É uma oportunidade para aprender algo novo
É muito complicado	Vou tentar ver de um ângulo diferente
Não tenho recursos	A necessidade é a mãe da invenção
Não tenho tempo suficiente	Reavaliemos as prioridades
Não vai funcionar de jeito nenhum	Posso tentar fazer com que funcione
Não tenho experiência	Encontrarei quem possa me ajudar
Já está bom	As coisas sempre podem melhorar
É uma mudança muito grande	Vou me arriscar
Ninguém quer se comunicar comigo	Tentarei abrir os canais de comunicação
Não vou melhorar isso	Vou tentar mais uma vez
Nunca vou conseguir lidar com o estresse	Tentarei aprender a lidar com o estresse

Concentre-se no que pode ser mudado

Use a tabela a seguir para fazer uma lista e classificar suas principais causas de estresse, classificando-as assim: é controlável, é incontrolável, é importante, é menos importante. Cada parte começa com um exemplo.

	Podem ser controlados	Sem importância
Importantes	• Autocuidado (falta de sono, falta de exercício, dieta pouco saudável) • Suas ideias:	• Tarefas que pode delegar a outros • Suas ideias:
Podem ser controlados	• Ações e atitudes de pessoas-chaves em sua vida • Suas ideias:	• O tempo • Suas ideias:

Ao refletir sobre cada causa de estresse, tenha em mente:

- **Estabeleça prioridades:** é importante?
- **Planeje:** que posso fazer em relação a isso?
- **Organize:** o que preciso fazer hoje? O que posso deixar para outro dia?

Concentre seu tempo e energia nas coisas que podem ser mudadas. No caso de situações que estão fora do seu controle, busque formas de se adaptar, ou tente evitá-las. Tente reconhecer quando é melhor não "perder tempo", ainda mais com coisas que não são importantes.

Resolvendo o problema: pensando minuciosamente sobre ele

Para aliviar uma situação estressante, explore suas habilidades para resolver problemas através dos seguintes passos:

1 Identifique. Qual é a causa do seu estresse?
- Em termos concretos, qual é a razão exata do problema?
- É mesmo um problema tão grande? Outras pessoas também pensam assim?
- Você está usando este problema para evitar enfrentar outro bem maior?
- Você tem controle sobre alguma parte do problema?

2 Esclareça. O que faria com que o problema desaparecesse?
- O que você quer que aconteça?
- O que quer evitar?
- Você está tentando resolver o problema que o deixa estressado ou já perdeu de vista o motivo real do estresse?

3 Acredite. Pense em todas as formas possíveis de resolver o problema. Este não é o momento de julgar se uma solução é melhor do que outra. Agora trate de:
- Lembrar de problemas passados que já conseguiu resolver. Será que uma solução semelhante poderia funcionar?
- Pedir conselhos aos seus amigos, familiares ou pessoas em quem confie.

4 Escolha. De todas as suas ideias criativas, qual faz mais sentido? Considere:
- O que vai acontecer se escolher este caminho específico?
- Como você e os outros vão se sentir se for usada esta solução?
- Quais são as possíveis consequências positivas e negativas?
- Pode levar a cabo esta solução?
- Você tem recursos apropriados?
- Pensa, de verdade, que vai resolver o problema?

5 Entre em ação. Confie em si mesmo, seja corajoso e experimente a sua solução.
Se não agir, não espere ver reduzido o estresse.

6 Reflita. É possível aprender seja lá qual for o resultado.
- Você resolveu o seu problema de forma eficaz?
- Foi bem resolvido?
- Se não, que outro plano poderia funcionar?

Praticar sua capacidade para resolver problemas relacionados às causas de estresse vai ajudá-lo a lidar melhor com a última situação, quando ela ocorrer.

Mude sua forma de reagir

Controlar o estresse não significa eliminar da sua vida o que lhe deixa estressado, mas sim desenvolver estratégias positivas para enfrentar os problemas e evitar consequências negativas.

Pense no estresse como uma *forma de reagir* ao que aconteceu, e não como o que realmente aconteceu. Isto facilita a identificação de maneiras de lidar com o estresse. Mesmo quando não puder controlar algumas causas de estresse, você pode controlar suas reações diante delas.

Para que tanta raiva?

Você bate o telefone com força quando ouve intermináveis gravações eletrônicas? Discute aos berros com estranhos por causa de uma vaga? Alguma vez deu socos na parede depois de uma briga com seu cônjugue? Em vez de expressar sua raiva de forma saudável e assertiva, você está sendo hostil e agressivo, o que pode levar à violência.

Determine seu nível de raiva

A raiva em si não é ruim. Se expressada de maneira adequada, pode ser saudável. Pode ajudá-lo a se proteger de situações perigosas e também dar energia para resolver seus problemas.

Frustrações cotidianas, impaciência e ressentimento podem fazer com que seu temperamento altere rapidamente. Para muita gente, estes são momentos breves que não as afetam tanto, pois podem logo recuperar a calma, sem explodir.

Avalie seu nível de irritação

Alguma palavra que aparece na lista da direita descreve o seu comportamento ou seus pensamentos da semana passada? Qualifique cada palavra de acordo com a seguinte escala:

0 = Não tem nada a ver
1 = Até certo ponto, faz sentido
2 = Faz mais ou menos sentido
3 = Faz bastante sentido
4 = Tem tudo a ver

Se várias de suas qualificações foram 2,3 e 4 é possível que você precise de ajuda profissional para aprender a lidar com a raiva de maneira mais saudável. Consulte um profissional da saúde sobre o que pode ser feito, como terapia ou aulas de como controlar a raiva.

Palavras	Qualificação
Raivoso	
Amargurado	
Rebelde	
Rancoroso	
Decepcionado	
Incomodado	
Furioso	
Ressentido	
De mau humor	
Pronto para brigar	
Irritadiço	
Frustrado	
Desiludido	

Ainda assim, se seu sangue ferve por causa de pequenas irritações ou se você sente raiva o tempo todo, é possível que deva aprender a controlar sua raiva, já que este estado de ânimo descontrolado pode ser destrutivo, levando a problemas em suas relações, no trabalho, no seu modo de desfrutar a vida e na sua saúde.

Conselhos para controlar a raiva

Para ajudar a ter a raiva sob controle:

- **Pense com cuidado antes de dizer qualquer coisa.** Assim não falará algo do qual pode arrepender-se.
- **Respire fundo.** Conte até dez antes de reagir ou saia por completo da situação antes de explodir. Dê vazão às suas emoções de outra forma. Saia para caminhar ou correr, nadar ou fazer levantamento de peso, por exemplo.
- **Encontre maneiras para se acalmar e se tranquilizar.** Pratique exercícios de respiração profunda, imagine um cenário de relaxamento ou repita uma palavra ou frase tranquilizadora como "vai com calma". Você também pode escutar música, pintar ou fazer ioga.
- **Expresse sua raiva assim que possível para não ficar "fervendo".** Se não puder expressar sua raiva de maneira controlada com a pessoa que deixou você assim, fale com alguém em quem confie, como um familiar, um amigo ou um terapeuta, mas não faça fofocas nem tente prejudicar a reputação da pessoa envolvida.
- **Colabore com a pessoa que deixou você com raiva para tentar identificar soluções para a situação.** Há mais chances de chegar a uma solução prática quando ambos tentam encontrar uma resolução.
- **Use a palavra "eu" ao descrever o problema.** Isto ajuda a evitar críticas ou acusações. Por exemplo, diga: "Eu fiquei chateado porque você hoje não ajudou a arrumar a casa", e não: "Você deveria ter ajudado a arrumar a casa."
- **Não guardar rancor.** Perdoe a outra pessoa. Não é realista esperar que todos se comportem exatamente como você deseja.
- **Use o humor para acabar com a raiva,** mas não seja sarcástico, pois esta é uma forma de expressão pouco saudável.
- **Faça registros de sua raiva.** Identifique os tipos de situação que levam você a ficar com raiva e vigie sua reação.

Seja perseverante

No calor da hora pode ser difícil lembrar quais são suas estratégias de controle. Leve algo que sirva para lembrá-lo de dar um passo atrás e controlar sua raiva. Por exemplo, carregue no bolso uma pedrinha lisa ou um pedaço de papel com conselhos escritos. Com tempo e esforço, possivelmente as reações mais saudáveis virão por conta própria.

Espiritualidade e alívio do estresse

Há algumas formas de reduzir o estresse que são palpáveis, mas há outro meio que pode ser benéfico para muitas pessoas: abraçar a espiritualidade. Explorar a sua espiritualidade pode dar um sentido mais claro a sua vida e melhorar sua capacidade de lidar com o estresse.

O que é a espiritualidade?

A espiritualidade pode ser definida de muitas formas. Essencialmente, ajuda a dar um contexto para as nossas vidas. Não está necessariamente relacionada com um sistema específico de crenças, nem com rituais religiosos. Em vez disso, surge das ligações consigo mesmo e com os outros, do desenvolvimento de um sistema pessoal de valores e da busca de um sentido para a vida. Para muitos, isto se dá como uma prática religiosa, fazendo orações, praticando meditação ou acreditando num poder superior. Para outros, pode ser encontrado na natureza, na música, na arte ou em uma comunidade secular.

Como a espiritualidade pode ajudar?

A espiritualidade pode ajudar você a:

- **Concentrar-se nos seus objetivos pessoais.** Cultivar a espiritualidade pode ajudar você a descobrir o que é mais significativo na sua vida. Ao esclarecer e se concentrar no que é importante para cada pessoa, há menos chances de que coisas sem importância provoquem estresse.
- **Conectar-se com o mundo.** Se você sente que há um sentido no mundo, pode se sentir menos solitário, mesmo quando estiver sozinho. Assim você terá paz interna mesmo em momentos difíceis.
- **Liberar o controle.** Quando você se sente parte de um todo maior, percebe que não é responsável por tudo que acontece na sua vida. Pode compartilhar o peso de tempos difíceis com outros que estão ao seu redor, assim como as alegrias da existência.
- **Expandir sua rede de apoio.** Pode ser que você encontre sua espiritualidade numa igreja, numa mesquita ou numa sinagoga, na sua família ou em caminhadas com um amigo ao ar livre. Compartilhar a expressão espiritual pode ajudar a construir relações.
- **Levar uma vida mais saudável.** Alguns estudos mostram que as pessoas que se consideram espirituais têm mais força para lidar com o estresse e com doenças.

Defina sua espiritualidade

A melhor maneira de encontrar sua espiritualidade é descobrindo-se a si mesmo:

- Quais das suas relações são importantes?
- Onde você encontra consolo?
- O que te dá esperança?
- O que te dá alegria?
- Quais são suas três experiências mais inesquecíveis?
- Se sobreviveu a perdas na sua vida, como o fez?
- O que acha que vai acontecer quando acabar sua existência material e como você se sente em relação a isso?
- Descreva um momento em que se sentiu satisfeito e contente com o mundo.
- Descreva um momento da sua vida em que esta se preencheu com um sentimento de propósito ou no qual foi tomado por um profundo sentimento de admiração.

As respostas a estas perguntas podem ajudar você a identificar as pessoas e as experiências mais importantes na sua vida. Concentre-se na busca de sua espiritualidade nas relações e nas atividades que lhe ajudaram a se definir como pessoa e que também inspiram seu crescimento pessoal.

Alimente sua espiritualidade

A espiritualidade começa na relação com si próprio, alimenta-se nas relações com os demais e culmina com um sentido para a vida. Para nutrir a sua espiritualidade:

- Experimente técnicas de oração, meditação ou relaxamento que ajudem a guiar seus pensamentos.
- Mantenha um diário que ajude a expressar seus sentimentos e registrar seus progressos.
- Busque um conselheiro ou um amigo de confiança que possa te ajudar a descobrir o que é importante na sua vida.
- Leia histórias inspiradoras que ajudem você a avaliar as diferentes filosofias de vida.
- Fale com outras pessoas cuja vida espiritual admire.
- Fique aberto para novas experiências. Se você está experimentando uma religião organizada, considere uma variedade de crenças diferentes. Se a sua espiritualidade é mais secular, considere experimentar novas experiências artísticas.
- Faça com que as relações com amigos e familiares seja uma prioridade e mantenha contato com eles.
- Veja o bem nas pessoas e em si mesmo.

Lembre-se que a espiritualidade é uma viagem interna em constante evolução. Sua definição pessoal de espiritualidade pode mudar com a idade e com as experiências de vida, mas pode confiar que ela ajuda você a manter um nível razoável de estresse e reafirmar um sentido para a vida.

Proteja seu tempo

Como seu comportamento contribui para o estresse? Para algumas pessoas é difícil dizer não a qualquer pedido, mas dizer sempre que sim a tudo tem um preço: mais estresse e menos paz interior.

Aprenda a dizer não

Você tem uma enorme lista de pendências, prazos e compromissos que se intercalam num mesmo período de tempo? Concentra muitas atividades em muito pouco tempo? Se é assim, quem sabe encontre alívio ao estresse apenas dizendo não.

São incontáveis as solicitações importantes. Assim, é fácil criar situações estressantes se não recusa alguns pedidos que exigem tempo e talento. Considere os seguintes pontos:

- **Dizer não pode ser bom.** Negar não é um ato egoísta, na verdade, pode ser o melhor que você faz por sua família e pelo resto de seus compromissos. Quando diz não, você pode dedicar mais tempo, com qualidade, às coisas que aceitou fazer.
- **Dizer não pode propiciar a experiência de coisas novas.** O fato de você ter sempre ajudado na organização do torneio de futebol da sua empresa não quer dizer que você tenha que fazer isso sempre. Dizer não pode dar tempo para você se ocupar de outros passatempos e interesses.
- **"Sim" não é sempre a melhor resposta.** Se você assume muitos compromissos e fica muito estressado, há mais chances de ficar doente, cansado ou simplesmente irritado, o que não ajuda a você nem aos outros.
- **Reconhecer o poder dos outros.** Mesmo que outras pessoas não façam as coisas do jeito que você faria, é possível aprender lições valiosas ao permitir que os outros ajudem, ao mesmo tempo que você pode ganhar valioso tempo livre.

Coloque na balança

Em certas ocasiões, é difícil determinar quais atividades merecem seu tempo e atenção. Empregue estas estratégias para avaliar as obrigações e oportunidades que aparecem.

- **Identifique suas prioridades.** Dizer não permite dar prioridade às coisas que são mais importantes no seu caso. Você ganhará tempo para fazer coisas que realmente deseja fazer. Investigue suas obrigações e prioridades atuais antes de assumir qualquer novo compromisso. Pergunte-se se o novo compromisso é importante para você.

- **Avalie como seu tempo ficará comprometido.** A atividade que você está considerando é um compromisso a curto prazo ou a longo prazo? Se comprometer seu tempo for outra fonte de estresse, não aceite.
- **Livre-se da culpa.** Se os seus amigos propõem uma saída repentina para a cidade e você já se programou para uma tarde tranquila em casa com sua mulher, tudo bem recusar a oferta. Não se sinta culpado nem obrigado.
- **Mantenha seus atuais compromissos sob controle.** Se familiares vierem para jantar, não "invente moda". Peça uma pizza ou peça a cada um que traga um prato.
- **Converse com seu travesseiro.** Tire mais ou menos um dia para pensar no pedido e responder. Isto vai lhe dar tempo de avaliar seus atuais compromissos e a nova oportunidade.

Como dizer não

Quando for preciso dizer não:

- **Pratique dizer as coisas com clareza.** Não invente motivos para se livrar de uma obrigação. A verdade é sempre a melhor maneira de recusar um compromisso com um amigo, um familiar ou um colega de trabalho.
- **Diga não com gentileza.** Pode ser duro recusar ajuda para boas causas. Elogie os esforços das pessoas do grupo, e diga que não pode se comprometer desta vez. Isto ajudará você a suavizar a recusa e conservará uma boa relação.

Dizer que não será difícil se você está acostumado a dizer sim sempre. Mas aprender a dizer não é importante no seu caminho rumo a uma vida melhor, com menos estresse.

Aprenda a ser assertivo

Quando você é assertivo, torna-se responsável pela expressão dos seus sentimentos, necessidades e ideias, de maneira honesta e direta. Para se comunicar de maneira assertiva:

- Expresse suas necessidades e pensamentos.
- Fale com clareza e vá direto ao ponto.
- Faça contato visual e fale com um tom de voz seguro.
- Seja honesto e direto, mas não corte os outros nem os desvalorize.
- Respeite as ideias, as necessidades e os direitos dos demais.
- Use afirmações que empreguem o "eu" em lugar de "você", para evitar acusações.

Para ser assertivo, é necessário prática, pois talvez nem sempre seja bem recebido pelas pessoas que se comunicam de maneira menos saudável, porém a maioria o respeitará por ser aberto, e você criará relações saudáveis ao mesmo tempo que reduzirá o estresse.

Dedique tempo para si mesmo

Você reserva tempo para si e faz coisas de que gosta? Algumas pessoas dedicam-se tanto ao trabalho que não sabem nada sobre relaxar, e isso é muito ruim, porque as atividades relaxantes podem diminuir o estresse e melhorar sua visão de vida. Não ter tempo para si mesmo pode afetar suas relações pessoais e reduzir sua eficiência e entusiasmo ao desempenhar funções no trabalho e em casa.

Como atividades de descanso podem satisfazer suas necessidades?

As atividades de descanso, aquelas que escolhe para o seu tempo livre, variam de uma pessoa para a outra. O que pode ser interessante e prazeroso para uma pessoa pode ser chatíssimo para outra, mas se você está submerso no trabalho, talvez nem sequer saiba o que quer fazer para descansar. Uma forma de saber é analisar suas necessidades para cuidar de si:

- **Você faz suficientes atividades físicas e exercício?** A atividade física regular promove tanto saúde corporal como mental.
- **Descansa e relaxa de forma adequada?** Tente dormir o suficiente e pense em fazer coisas que sejam relaxantes (como ler, escutar música e meditar) para ajudar a equilibrar um dia ativo.
- **Você faz desafios a sua mente?** Mantenha sua mente ativa com palavras cruzadas e outros jogos de palavras, escreva, faça uma aula ou qualquer coisa que estimule o seu intelecto.
- **Satisfaz suas necessidades espirituais?** De acordo com a maneira que define sua espiritualidade, participe de atividades religiosas organizadas, desfrute a beleza da natureza ou se expresse através da música, da meditação ou da arte.
- **Sua vida social é suficiente?** Pense em jantar fora com amigos, em convidá-los para sua casa ou junte-se a uma grupo musical ou a um time esportivo.
- **Tem tempo suficiente consigo mesmo?** O tempo que passa sozinho permite que você se concentre em seus pensamentos internos e alivie as exigências dos outros. Leia um livro, escreva um diário, medite ou faça qualquer coisa que te interesse.
- **Está usando suas habilidades criativas?** Dance, escreva, pinte, cozinhe, toque um instrumento. Ocupe-se de qualquer coisa que faça fluir sua criatividade.
- **Você gosta de dedicar-se aos outros?** Faça um trabalho voluntário para uma ONG, cozinhe ou regue o jardim de um vizinho, cuide do filho de um amigo.
- **Há coisas novas ou aventuras em sua vida?** Experimente coisas novas. Pense em viajar, fazer uma excursão, acampar, aprender um novo assunto ou um novo passatempo.

Controle o estresse relacionado ao trabalho

O seu trabalho te deixa estressado? Pode ser que o equilíbrio entre sua vida e seu trabalho não esteja bom, ou talvez outras coisas relacionadas ao trabalho deixem você estressado. Tome, agora, medidas para melhor controlar sua vida.

Recupere o equilíbrio entre sua vida no trabalho e sua vida familiar

Encontrar um equilíbrio entre trabalho e vida no mundo frenético de hoje não é uma tarefa simples. Se você passa mais tempo no trabalho do que na sua casa, não vai ter uma vida pessoal satisfatória. Por outro lado, se enfrenta desafios na sua vida pessoal, como ter um pai de idade avançada, ter problemas conjugais ou financeiros, concentrar-se no trabalho pode ser difícil.

Não importa se o problema é excesso ou falta de atenção no trabalho, quando há um desequilíbrio entre sua vida pessoal e o trabalho, o resultado é o estresse e seus efeitos ruins.

Para ajudar a restaurar o equilíbrio da relação entre trabalho e vida familiar:

- **Faça um registro.** Anote tudo o que você faz durante uma semana. Analise seus hábitos e decida o que pode eliminar, delegar a outra pessoa ou administrar melhor.
- **Organize seu tempo.** Organize as tarefas domésticas de forma eficiente e mantenha um calendário com datas importantes da família.
- **Elimine os mal-entendidos que tomam tempo.** Comunique-se com clareza e escute com cuidado. Faça anotações se for útil para você.
- **Cuide-se.** Separe algum tempo todos os dias para uma atividade que goste, como ler, fazer exercícios ou escutar música.
- **Tire uma noite por semana para diversão.** Procure atividades que possa realizar com amigos ou familiares, como jogar ou sair para caminhar.
- **Proteja seu tempo livre.** Programe algumas tarefas rotineiras para dias de trabalho, assim seus dias livres serão mais relaxantes.
- **Durma o suficiente.** Não há nada tão estressante ou potencialmente perigoso como trabalhar sem ter dormido bem.
- **Reforce seu sistema de apoio.** Fale com um amigo ou com um colega de trabalho de confiança durante os momentos de estresse ou de dificuldades.
- **Se for necessário, procure ajuda profissional.** Se você sente necessidade, consulte um profissional, como o seu médico ou um psicólogo, ou um terapeuta de um programa de assistência para funcionários.

Você está desequilibrado?

Como você equilibra trabalho e vida pessoal? Cada "pedaço" da "torta" abaixo representa uma hora. Nos círculos da esquerda, colora o número de horas que você dedica ao trabalho num dia normal e num dia livre. Por exemplo, colora oito pedaços se você trabalha oito horas diárias e marque com "trabalho". Use uma cor diferente para cada atividade. Nos círculos da direita, indique como gostaria de reverter seu tempo.

Atividades atuais — Objetivos

dia normal — dia normal

dia livre — dia livre

Minha solução para o estresse

Administre o estresse relacionado ao trabalho

O estresse relacionado ao trabalho afeta o seu desempenho, sua capacidade de aproveitar o trabalho ou a sua vida pessoal? Considere estas perguntas.

1 **Você administra seu tempo de forma inteligente?**
Tente seguir estes conselhos:
- **Planeje cada dia.** Escreva uma lista de pendências, colocando as prioridades no começo da lista.
- **Delegue tarefas.** Olhe sua lista de tarefas e veja quais pode passar para outra pessoa.
- **Tome o tempo que for necessário para realizar um trabalho de qualidade.** Em geral, pode levar mais tempo corrigir erros de um trabalho feito às pressas do que fazer bem-feito. Mas não tente ser perfeito.
- **Diga não às tarefas que não sejam essenciais.** Considere os seus objetivos e compromissos antes de aceitar ficar encarregado de mais trabalho.
- **Separe as tarefas longas que tomam tempo ou que você não gosta e as divida em tarefas menores.** Trabalhe com elas alguns minutos por vez até que termine.
- **Durma e faça exercício suficiente.** Se você estiver bem concentrado e atento poderá terminar o trabalho com mais rapidez.
- **Faça um curso de administração do tempo.** Se o seu local de trabalho não oferece um, procure num centro de educação comunitária.

2 **Você tem uma equipe e os recursos necessários para fazer seu trabalho? Peça o que precisa:**
- **Informe a seu supervisor os motivos pelos quais precisa de algo.** Quem sabe um novo equipamento ou software ajudem você a terminar o trabalho com mais rapidez ou fará com que menos pessoas se machuquem no local de trabalho.
- **Faça o pedido por escrito.** Escreva um memorando ou mande um e-mail para o seu supervisor, no qual explique o porquê de sua solicitação. Forneça detalhes.
- **Investigue.** Determine os custos e inclua-os na sua solicitação.
- **Apresente todas as opções.** Assim terá mais chances de que ao menos uma opção seja escolhida.
- **Seja paciente.** Não espere que o seu supervisor aprove o seu pedido da noite para o dia.
- **Não se entregue.** Se a necessidade persistir, apresente outra vez o pedido, mas continue alimentando uma forte relação de trabalho com o seu supervisor.

3 **Você se dá bem com o seu supervisor? Construa uma relação saudável:**
- **Demonstre respeito.** Tente compreender o negócio da perspectiva de seu supervisor.
- **Não tenha medo do seu chefe.** O seu desempenho contribui para o êxito do seu supervisor.
- **Faça o melhor possível.** Tente cumprir as expectativas da empresa. Tente antecipar as necessidades do seu chefe antes que ele o peça.

- **Dê um retorno sincero.** O seu supervisor precisa saber a verdade, mesmo que esta seja desagradável.
- **Não tente esconder os problemas.** Se você não pode resolver um problema, informe ao seu supervisor o mais rápido possível.
- **Comunique logo as notícias mais importantes.** Se você está grávida ou vai se submeter a uma cirurgia, informe o seu supervisor o mais rápido possível.
- **Seja positivo.** Quando as coisas forem mal, comunique-se com perguntas, não com queixas.
- **Aprenda a expressar sua raiva de maneira apropriada.** Se controlar a raiva ficar difícil, faça um curso para saber como lidar melhor com ela.
- **Encare seus defeitos.** Peça ao seu supervisor conselhos que ajudem você a crescer nas áreas em que tem dificuldade.

4 Você se dá bem com os seus parceiros de trabalho? Respeite-os:

- **Seja positivo.** Sorria, seja animado e cumprimente a todos com delicadeza.
- **Aprenda a se comunicar com eficiência.** Esteja certo de estar entendendo os seus colegas e tenha certeza que eles entendam você.
- **Seja um membro da equipe.** Chegue aos encontros na hora e preparado. Contribua, mas não monopolize a discussão.
- **Seja modesto.** Não seja presunçoso e não se enalteça.
- **Resolva conflitos.** Tenha uma conversa privada com seu colega de trabalho sem ter uma atitude ameaçadora. Concentre-se nas soluções.
- **Evite fofocas.** Se a conversa virar boato, mude o assunto ou abandone esta prática.
- **Respeite confidências.** Se um companheiro de trabalho deseja que todo mundo do escritório fique sabendo sobre um assunto pessoal, deixe que ele mesmo espalhe a notícia.
- **Evite abusos.** Nunca faça comentários sugestivos nem piadas que mexam com a cultura, credo ou sexo de um colega de trabalho.
- **Seja educado.** Limpe o lugar onde estava. Bata na porta antes de entrar no escritório ou no compartimento de algum colega. Antes de interromper, pergunte se é um bom momento.
- **Inscreva-se num curso de comunicação entre estilos de trabalho diferentes.** Identifique o seu estilo de trabalhar e os de seus companheiros para ver como podem funcionar melhor juntos.

5 Você tem uma atitude positiva em relação ao trabalho? Tire proveito de situações difíceis para aprender uma forma de permanecer positivo:

- **Coloque as coisas em perspectiva.** Lembre-se que todos nós temos dias bons e ruins no trabalho.
- **Pratique o pensamento positivo.** Preste atenção às mensagens que você envia a si mesmo. Se você se flagrar pensando que o seu trabalho é terrível, abandone logo esta ideia.

- **Seja grato.** A gratidão pode ajudar você a se concentrar nos pontos positivos do seu trabalho. Pergunte-se: "Por que hoje estou grato ao meu trabalho?". Encontre ao menos um motivo pelo qual está agradecido e valorize-o.
- **Seja otimista.** Encontre coisas boas numa situação ruim.
- **Aprenda com seus erros.** Quando cometer equívocos no trabalho, aprenda com eles e tente novamente.

6 Há oportunidade de promoção onde você trabalha? Cuide de sua carreira profissional:

- **Faça o seu trabalho.** Pense sobre o futuro da empresa e onde podem estar suas futuras necessidades.
- **Deixe que saibam as suas intenções.** Informe ao seu supervisor que está interessado em adquirir habilidades que o ajudem a progredir na carreira.
- **Encontre um mentor.** Pode ser o seu supervisor ou outra pessoa, escolha alguém que possa ajudar você a ter uma visão crítica de seus objetivos profissionais e que dê dicas de como alcançá-los.
- **Aceite ao menos um defeito.** Identifique algum fator que poderia ajudar você a fazer melhor o seu trabalho e a melhorar suas relações com seu chefe e colaboradores.
- **Aceite novos desafios.** Se você ouvir falar de um novo projeto adequado às suas capacidades, pergunte ao seu supervisor se pode participar da equipe deste projeto ou encabeçar o projeto.
- **Fique por dentro das oportunidades dentro da sua empresa.** Veja, com frequência, quais postos estão livres.
- **Aproveite a capacitação dentro do trabalho.** Depois de participar de oficinas e cursos, inclua-os no seu currículo.

Tem alguém intimidando você no escritório?

Se você sente que a atitude de alguém é de intimidação, tome medidas para recuperar o controle.

- **Obtenha apoio.** Fale com seus amigos, familiares ou um terapeuta. Contate o setor de recursos humanos. Não sofra em silêncio.
- **Afaste-se.** Não fique sozinho com a pessoa que o intimida.
- **Enfrente a pessoa.** Fique tranquilo ao fazer isso e diga a esta pessoa que o comportamento dela o incomoda.
- **Documente por escrito o comportamento.** Especifique. Inclua a maneira como o comportamento afeta sua produtividade e a da empresa. Compartilhe isto com seu supervisor. Se este último for o intimidador, dirija-se com sua documentação ao superior dele.

Exaustão no trabalho: sinais e sintomas

A exaustão no trabalho (ou síndrome de *burnout*) é um estado de desgaste físico, emocional e mental que acontece com a exposição a longo prazo a situações de exigência no trabalho, e é o resultado acumulado de estresse. Você pode estar mais predisposto à exaustão no trabalho se:

- O trabalho é a única coisa que dá sentido a sua vida.
- Tenta ser tudo para todos.
- O trabalho é monótono.
- Trabalha numa profissão de assistência, como na área da saúde, de ensino ou das leis.

Quais são os sinais de exaustão?

Marque o que se aplica ao seu caso:

- ☐ Agora você é mais cínico, mais crítico ou sarcástico no trabalho?
- ☐ Perdeu a capacidade de rir de si mesmo ou de se sentir feliz?
- ☐ Não sente vontade de ir ao escritório e demora até começar a trabalhar?
- ☐ Você está mais irritado ou menos paciente com colegas ou clientes?
- ☐ Você acha que há barreiras insuperáveis no trabalho?
- ☐ Falta-lhe energia para ser consistentemente produtivo?
- ☐ Já não se satisfaz com seus sucessos?
- ☐ Já se cansou de ouvir seus colegas perguntando se você está bem?
- ☐ Você está desiludido com seu trabalho?
- ☐ Usa comida, drogas ou álcool para se sentir melhor, ou simplesmente para não sentir?
- ☐ Mudou os seus hábitos de alimentação ou de sono?
- ☐ Fica incomodado com dores de cabeça, no pescoço ou na coluna?

Se sua resposta foi "sim" para qualquer uma dessas perguntas, é provável que sofra de exaustão no trabalho.

Identifique as causas

Para superar o desgaste no trabalho, tente primeiro compreender as causas. O esgotamento pode ser resultado de:

- Falta de controle em relação aos seus horários e carga de trabalho, por exemplo.
- Expectativas de trabalho pouco claras.
- Relações estressantes, como trabalhar com alguém que o intimide ou com um chefe que controla excessivamente o seu trabalho.
- Incompatibilidade entre seus valores e os valores da empresa.
- Incompatibilidade do trabalho com os seus interesses e habilidades.
- Extremos de atividade, quando um trabalho sempre é monótono ou sempre é caótico.

Entre em ação

A exaustão no trabalho pode resultar em problemas de saúde como fadiga, insônia, aumento ou perda de peso, depressão ou ansiedade. Discuta as suas preocupações com o seu supervisor, um conselheiro dos recursos humanos, um médico ou um profissional da saúde mental. Você pode se recuperar deste esgotamento, mas isso requer tempo e mudanças.

Reflita sobre as relações familiares

Melhore a comunicação

Você gosta muito de seu parceiro, mas pergunte-se se isto se reflete na sua comunicação com ele. Se não, experimente estes conselhos:

- **Ser cordial e amável um com outro deve ser um hábito cotidiano.**
- **Expresse o seu apreço com frequência.**
- **Tenham tempo para ficar juntos.** Pense em programar encontros noturnos regularmente, mas sem ser algo custoso ou extravagante. Uma boa parte da sua melhor comunicação pode se dar quando saírem para caminhar ou ao jantar na mesa da cozinha.
- **Escolha suas palavras com cuidado.** Ao invés de falar afirmações com a palavra "você", tente falar frases nas quais use a palavra "eu". Por exemplo, em vez de dizer: "Você nunca lava a louça depois do jantar", diga: "Gosto muito quando você ajuda a lavar a louça depois das refeições".
- **Seja justo ao discutir.** Evite expressar todos os seus pensamentos de irritação; fale apenas sobre o assunto que está sendo discutido.
- **Esqueça as coisas ruins do passado.**
- **Seja realista.** Trabalhe com as coisas que não pode mudar e concentre-se no que vocês têm em comum e no compromisso matrimonial.

Mudar o seu estilo de comunicação, ainda mais se você está casado há muitos anos, requer tempo, prática e paciência. Mas os seus esforços podem reduzir o estresse em suas relações e ajudar a aproximá-los.

Estresse no casamento

Manter um casamento feliz pode ser um trabalho difícil, não importa o tempo que estão juntos. Seja lá qual for a fonte de estresse, você pode tomar medidas para manter o seu casamento num caminho positivo.

Os obstáculos da vida

Cada etapa da existência pode trazer um conjunto de fatores estressantes para o casamento. Quando você é jovem, pode ser que tenha que renunciar a parte de sua independência ao juntar-se a uma parceira. Estabelecer ou manter carreiras profissionais pode aumentar a tensão no casamento. Iniciar uma família introduz uma nova série de considerações e desafios que mudam à medida que crescem os filhos. Com a idade, as preocupações com a saúde podem provocar atritos. Ao atravessar cada etapa, é importante manter uma comunicação clara e aberta.

Quando os problemas são mais profundos

Se as dificuldades que afetam o seu casamento são profundas e prolongadas, busque ajuda. Os recursos incluem guias religiosos, cursos de engrandecimento pessoal ou de apoio e retiros para casais, assim como aulas de educação para pais. Algumas dificuldades no casamento pedem terapia com um profissional capacitado, com um terapeuta de casais ou de famílias. Peça referências ao seu médico familiar.

Estresse na paternidade

Se você é pai ou mãe, não importa a idade de seu filho, você enfrenta estresse. Se você está agoniado, tente esclarecer os motivos:

- **Suas expectativas para si próprio são muito grandes?** Você não pode fazer tudo. Peça ajuda quando for preciso, mesmo que isto signifique a programação dos horários em que seu cônjuge ou filhos devem ajudá-lo nas tarefas domésticas. Ou aprenda a trabalhar com mais rapidez para poder estar em casa mais tempo.
- **Suas expectativas em relação ao seu filho são excessivas?** Espera que seu filho só tire dez? Que seja o melhor nos esportes? Que seu quarto esteja sempre limpo? Expectativas pouco realistas podem fazer com que você e seu filho se sintam mais estressados.
- **Você reserva tempo para si mesmo para desacelerar? Para rejuvenescer?** Se não o faz, é provável que enfrente com menos eficácia os problemas de seu filho, ou que não possa desfrutar o tempo que passa com ele.
- **Você cuida da sua saúde física?** Se sim, terá mais capacidade para lidar com o estresse e será um bom exemplo para seu filho.
- **Conversa com seu cônjuge, seus pais e amigos de confiança sobre como enfrentar frustrações da paternidade?** Encontre um lugar seguro para desabafar, receber conselhos e encontrar apoio para enfrentar os problemas.

Por último, não hesite em pedir ajuda profissional caso necessário.

Converse com o seu adolescente
Fique calmo

Invariavelmente, os anos de adolescência são estressantes. Pode ser que o seu adolescente o enfrente, tente insultá-lo ou desobedecê-lo. Se ambos explodirem, o estresse só vai aumentar. Na próxima vez que achar que chegou ao seu limite, lembre-se:

- **Escolha suas discussões.** Em certas ocasiões não vale a pena discutir o assunto.
- **Respire fundo e conte até dez.** Pense no problema antes de falar qualquer coisa.
- **Use o "diálogo interno" para se acalmar.** Diga a si mesmo algo que o tranquilize como: "Preciso relaxar e manter a calma".
- **Redefina o assunto.** Por exemplo, se o seu adolescente é grosseiro com você, isso pode ser mais um sinal de raiva do que de falta de respeito. Se redefinir as coisas assim, pode se concentrar em ajudá-lo.
- **Use o humor.** Isto pode ajudar a acalmar a raiva, mas evite o sarcasmo.
- **Saia para caminhar.** Tire um descanso.

Quando você estiver tranquilo, expresse o seu ponto de vista e peça a opinião de seu adolescente. Pratique a arte do compromisso. Se for necessário fazer valer a sua autoridade, faça-o de uma maneira calma e firme.

Fonte: *National Mental Health Information Center, "Helping Your Children Navigate Their Teenage Years"*, 2000

Estresse de quem cuida: você é um "paciente oculto"?

Cuidar de uma pessoa doente ou incapacitada pode ser muito exaustivo. O estresse de cuidar de alguém pode fazer com que você fique doente ou deprimido. Isto se aplica especialmente se você for mais velho ou se não obtém ajuda suficiente. Mesmo quando há familiares e amigos que podem ajudar, tem gente que insiste em fazer tudo sozinho. Normalmente os médicos consideram tais pessoas como pacientes ocultos. Os sinais comuns de estresse de quem cuida incluem:

- Ânimo deprimido
- Ansiedade
- Choro frequente
- Esgotamento
- Falta de sono
- Falta de concentração
- Sono excessivo ou insuficiente
- Aumento ou perda de peso involuntários
- Aumento de irritação e raiva
- Retraimento social

Se você apresenta qualquer um destes sinais ou sintomas, consulte seu médico ou terapeuta.

Cuide-se

Se você é como boa parte das pessoas que cuidam de outros, provavelmente cuida melhor da pessoa querida do que de você mesmo. Mas não ajudará muito essa pessoa se você não cuidar de si mesmo e sua saúde piorar.

Esforce-se para se alimentar de maneira saudável, dormir bem e manter contato com seus amigos e familiares. Submeta-se a exames rotineiros de saúde e siga as recomendações médicas.

Programe horários em que possa tirar descansos regulares. Quem sabe um amigo ou familiar possa passar um tempo com a sua pessoa querida, lendo um livro em voz alta, vendo um filme, quando você não estiver em casa. Por exemplo, se a pessoa tem mal de Alzheimer, talvez você possa inscrevê-lo em uma instituição que cuide de idosos dois ou três dias por semana. Se este parente ainda é ativo, pense em fazer uma viagem que proporcione a todos uma mudança de ambiente.

Quando você estiver desanimado, diga isso a outras pessoas em quem confia. Quem sabe elas possam te ajudar. Quando você tiver que lidar com situações que não possa controlar, como a perda eminente de uma pessoa querida, pode ser que a simples presença ou escuta atenta de alguém alivie um pouco o estresse. Não se culpe por pedir ajuda, você merece.

Cuide do seu corpo

O cuidado que você tem com o seu corpo pode ter um impacto importante no seu nível de estresse, nas horas boas e más.

Você bebe ou fuma quando está estressado?

Não consegue passar um dia sem cigarros ou álcool, ou os dois? Talvez você ache que estes hábitos ajudam a atravessar os dias estressantes, mas considere os riscos.

- **Álcool.** Mesmo em quantidades moderadas pode interferir no descanso, provocar dor de cabeça e azia, e tudo isso pode aumentar o estresse. Beber de forma moderada pode ser definido como duas doses, se você é homem e tem menos de 65 anos; uma dose por dia, se você é mulher (de qualquer idade) ou se você é homem e tem mais de 65 anos. Mulheres grávidas não devem beber absolutamente nada.
- **Tabaco.** Fumar pode fazer com que você se acalme, mas saiba que representa um risco grave para a saúde. Você sabia que mais de 4.000 substâncias químicas, incluindo venenos, estão presentes na fumaça do cigarro que entra em seu corpo? Mesmo que você tenha tentado parar de fumar muitas vezes, não terá fracassado até que se dê por vencido. Há muitos recursos disponíveis para lhe ajudar durante este processo. Fale com seu médico.

Durma bem de noite

Para dormir melhor, pense nestes conselhos:

- **Desacelere.** Se você leva uma vida ocupada, reduza o ritmo das atividades de noite.
- **Limite o seu tempo na cama.** Passar muito tempo na cama geralmente interrompe o sono no meio da noite.
- **Não se esforce muito para dormir.** Leia ou veja televisão até sentir sono e depois vá para a cama de modo a dormir de forma natural.
- **Esconda o relógio.** Uma indicação visível do tempo que passou sem você dormir pode preocupá-lo desnecessariamente.
- **Evite ou limite a cafeína e o álcool.** Estes podem interferir no seu sono.
- **Faça exercícios e mantenha-se ativo.** Faça ao menos 30 minutos de exercício na maioria dos dias.
- **Preste atenção ao que você come antes de dormir.** Uma refeição leve pode ser boa para relaxar, mas evite comidas e líquidos pesados, assim como alimentos que possam dar azia.
- **Não durma mais do que 30 minutos, ou menos, durante o dia.** Estas sonecas podem fazer com que seja mais difícil dormir à noite.
- **Reveja seus medicamentos.** Pergunte ao seu médico se algum remédio que você toma afeta o sono.

Minha solução para o estresse

Consuma alimentos saudáveis

A Pirâmide de Peso Saudável da Clínica Mayo pode servir de guia para que você escolha com inteligência o que come a fim de alcançar e manter um peso saudável. A pirâmide enfatiza as verduras e as frutas, que são altamente nutritivas, satisfatórias e pouco calóricas considerando a quantidade que você pode comer. Além disso, são antioxidantes e contêm outras substâncias que combatem doenças.

Alimentos saudáveis em quantidades moderadas formam o resto da pirâmide, que inclui carboidratos de grãos integrais, fontes magras de proteína, como legumes (feijão, lentilha, ervilha), peixes e laticínios com pouca gordura e quantidades limitadas de gordura saudável para o coração (insaturadas).

Estresse e excesso de comida

Será que o estresse é um grande obstáculo na sua luta contra o peso? Reflita:

- Tem um nível alto constante de estresse?
- Nas horas estressantes, recorre à comida como consolo? Tende a escolher alimentos ricos em calorias e gordura?
- Quando está estressado, come mesmo se não está com fome?
- Quando está estressado, perde o controle dos seus planos de alimentação e atividades físicas?

Se o estresse o leva a comer em excesso, inclua este fator em seu plano de controle do estresse.

Pirâmide de Peso Saudável da Clínica Mayo

Recomendações de consumo diário para diversos níveis calóricos

	1200	1400	1600	1800	2000
Doces	(Até 75 calorias diárias)				
Gordura	3	3	3	4	5
PROTEÍNAS/LATICÍNIOS	3	4	5	6	7
CARBOIDRATOS	4	5	6	7	8
FRUTAS	3 ou mais	4 ou mais	5 ou mais		
VERDURAS	4 ou mais	4 ou mais	5 ou mais		

Faça mais atividades físicas

Praticar exercícios regularmente pode melhorar sua saúde como um todo e dar uma sensação de bem-estar. Também traz benefícios imediatos para a redução do estresse.

- **Libera endorfinas.** A atividade física ajuda a estimular a produção dos neurotransmissores de bem-estar em seu cérebro, as endorfinas.
- **Ajuda a controlar fatores estressantes.** A atividade física ajuda a aliviar tensões diárias e também pode ajudar você a lidar melhor com fatores de estresse.
- **É como uma meditação em movimento.** Faz você se concentrar no movimento, e a energia e otimismo que decorrem disso ajudam a manter a calma e a pensar com clareza.
- **Melhora seu estado de ânimo.** A atividade física regular pode aumentar sua autoconfiança, reduzindo sintomas de depressão e ansiedade.

Como começar

Para planejar e começar um programa de condicionamento físico:

- **Consulte um médico.** Fale com seu médico antes de começar se você for homem e tiver mais de 40 anos, se for mulher e tiver mais de 50 anos ou se tiver problemas de saúde, como antecedentes de doença coronariana.
- **Caminhe antes de correr.** Melhore seu condicionamento físico pouco a pouco. Se começar lentamente o seu programa, menores são as chances de que o abandone no meio, além de evitar lesões.
- **Faça o que gosta.** Escolha uma atividade que lhe agrade.
- **Cumpra o horário definido.** Faça com que seu programa de exercício seja sempre uma prioridade.

Fique motivado

Para ajudar a seguir a rotina:

- **Estabeleça objetivos.** Por exemplo, faça caminhadas durante a hora de almoço três vezes por semana.
- **Encontre um amigo.** Saber que alguém está esperando por você na academia ou no parque pode ser um incentivo.
- **Mude sua rotina.** Se sempre foi um corredor competitivo, busque outras opções que possam ajudar na redução do estresse, como pilates ou ioga.

Um, dois, três, já!

É possível reduzir o estresse e melhorar a saúde apenas fazendo mais atividades durante o dia. Mas um programa regular de exercícios pode ajudar ainda mais. Um bom plano inclui os seguintes elementos:

- Atividades aeróbicas, como caminhadas rápidas, cavalgadas, ciclismo e natação, aumentam a respiração e o batimento cardíaco, o que melhora a saúde do coração, dos pulmões e do sistema circulatório.
- Alongamento antes e depois da atividade aeróbica. Isto aumenta o movimento das articulações, e ajuda a prevenir dores e lesões articulares.

- Os exercícios de fortalecimento tonificam os músculos, promovem a saúde dos ossos, melhorando a postura e a coordenação
- Atividades de equilíbrio e estabilidade como *tai chi chuan* (ver página 43), ajudam a melhorar a estabilidade e reduzem o risco de quedas.

Registro de atividades semanais

Faça cópias deste registro de forma que tenha o suficiente para um ano. Pense sobre os objetivos a longo prazo, mas, se não tem praticado nenhuma atividade física nos últimos tempos, comece devagar para criar resistência.

- **Atividades aeróbicas:** 30 ou 60 minutos por dia, na maioria dos dias da semana.
- **Alongamento:** Faça alongamento, principalmente depois de exercícios aeróbicos, quando os músculos estão aquecidos.
- **Exercícios de fortalecimento:** Mais ou menos dois dias por semana.
- **Atividades de equilíbrio/estabilidade:** pelo menos 5 a 10 minutos quase todos os dias.

Horas de exercício durante a semana de:

	Aeróbico	Alongamento	Fortalecimento	Equilíbrio/estabilidade	Tempo total
Domingo					
Segunda-feira					
Terça-feira					
Quarta-feira					
Quinta-feira					
Sexta-feira					
Sábado					

Aprenda a relaxar

Você acha difícil relaxar? Fica o tempo todo ativo? Adote medidas para aprender a relaxar.

Respiração relaxada

Você já reparou como respira quando está estressado? Normalmente a respiração fica rápida e ligeira, o que sustenta outros aspectos da resposta do estresse, como a frequência cardíaca acelerada. Se você conseguir controlar sua respiração, os efeitos em espiral do estresse agudo vão diminuir automaticamente. Pratique a respiração relaxada – também chamada de respiração profunda ou diafragmática – ao menos duas vezes por dia ou sempre que estiver tenso.

- **Inspire.** Com a boca fechada e os ombros relaxados, inspire lentamente pelo nariz e conte até seis. Deixe que o ar encha os pulmões o máximo possível (o diafragma, músculo entre o abdome e o peito, deve abaixar).
- **Faça uma pausa de um segundo.**
- **Expire.** Libere lentamente o ar pela boca contando até seis.
- **Faça uma pausa de um segundo.**
- **Repita.** Complete este círculo de respiração várias vezes.

Sua respiração está correta quando o abdome, e não o peito, se move a cada ciclo. Se estiver deitado, coloque um livro leve sobre o seu abdome. Ao inspirar, o livro deve elevar-se e, ao expirar, ele deve baixar.

Relaxamento muscular progressivo

O relaxamento muscular progressivo pode reduzir a tensão muscular. Primeiro encontre um lugar tranquilo onde esteja livre de interrupções. Afrouxe a roupa apertada e, se quiser, retire seus óculos ou lentes de contato. Tensione cada grupo muscular por pelo menos cinco segundos e depois relaxe por até trinta segundos. Repita antes de passar ao próximo grupo muscular.

- **Parte superior do rosto.** Levante suas sobrancelhas até o alto, sentindo a tensão no seu rosto e couro cabeludo. Relaxe. Repita.
- **Parte central do rosto.** Aperte seus olhos com força e enrugue nariz e boca: sinta a tensão no centro do seu rosto. Relaxe. Repita.
- **Parte inferior do rosto.** Aperte suavemente as mandíbulas e leve os extremos da boca em direção às orelhas. Mostre os dentes como um cão grunhindo. Relaxe. Repita.
- **Pescoço.** Toque com suavidade o seu queixo no pescoço. Sinta a tensão na parte posterior do pescoço. Relaxe. Repita.
- **Ombros.** Suba os ombros até as orelhas e sinta a tensão no seu ombro, na cabeça, pescoço e parte superior das costas. Relaxe. Repita.
- **Parte superior dos braços.** Leve seus ombros para trás e pressione os dedos até os lados do seu corpo. Tente não tencionar os antebraços. Sinta a tensão nos braços, nos ombros e nas costas. Relaxe. Repita.

- **Mãos e antebraços.** Aperte o punho e estique seus pulsos. Sinta a tensão nas suas mãos, nas juntas dos dedos e nos antebraços. Relaxe. Repita.
- **Peito, ombro, parte superior das costas.** Estique seus ombros para trás, como se estivesse tentando fazer com que as omoplatas se tocassem. Relaxe. Repita.
- **Abdome.** Encolha-o até a coluna apertando os músculos abdominais. Relaxe. Repita.
- **Coxas.** Junte os joelhos e aperte. Sinta a tensão nos músculos. Relaxe. Repita.
- **Panturrilhas.** Dobre os tornozelos fazendo com que os dedos apontem para o seu rosto. Sinta a tensão na região anterior das pernas. Relaxe. Repita.
- **Pés.** Gire seus pés para dentro e dobre os dedos para cima e para fora. Relaxe. Repita.

Faça este relaxamento muscular progressivo ao menos uma ou duas vezes por dia para obter o máximo de benefícios. Cada sessão deve durar aproximadamente dez minutos. Sua capacidade para relaxar vai melhorar com a prática. Seja paciente, com o tempo você vai experimentar uma sensação maior de calma.

Meditação

Os diferentes tipos de técnicas de meditação podem acalmar a mente e reduzir o estresse. Na meditação concentrada, você concentra sua atenção em algo, como na respiração ou numa imagem que pode ser real ou imaginária, por exemplo, a chama de uma vela. Veja esta técnica simples de meditação:

- Vista uma roupa confortável.
- Escolha um lugar tranquilo onde não seja interrompido.
- Sente-se numa posição confortável.
- Feche os olhos, relaxe os músculos e respire lenta e naturalmente.
- Durante vários minutos, repita lentamente uma frase para se concentrar (em silêncio ou em voz alta), como: "Estou em paz" ou "Estou sereno". Quando outros pensamentos cruzarem sua mente, leve a atenção de volta a esta frase.
- Quanto terminar, permaneça sentado em silêncio durante um minuto ou dois antes de voltar à rotina normal.

O melhor exemplo conhecido de meditação é a oração. Para orar você pode usar suas próprias palavras ou ler orações escritas por outros. Também pode participar de um grupo de orações. Pergunte a um padre, sacerdote, rabino ou qualquer outro guia espiritual sobre possíveis recursos.

Outras técnicas de relaxamento

Você pode escolher muitas outras técnicas de relaxamento, como:

- *Tai chi chuan.* Esta prática envolve movimentos lentos e suaves, como uma dança. Cada movimento e postura flui continuamente, sem pausas. O *tai chi chuan* pode reduzir o estresse e melhorar o equilíbrio e a flexibilidade. Esta forma de exercício é segura para pessoas de todas as idades e níveis de condicionamento físico, pois seus movimentos de baixo impacto causam uma tensão mínima nos músculos e nas articulações.
- **Ioga.** Normalmente esta técnica combina exercícios de respiração com movimentos precisos através de uma série de posturas. Para algumas pessoas, a ioga é um caminho espiritual. Para outras, é uma maneira de aumentar a flexibilidade física, a força e a resistência. Em todo caso, a ioga pode ajudar você a relaxar e a lidar com o estresse. Mesmo que em geral a ioga seja segura para todos, algumas posições podem provocar tensão na parte inferior da coluna e nas articulações.
- **Massagem.** A massagem consiste em amassar, acariciar e manipular os tecidos frouxos do corpo, pele, músculos e tendões. Pode ser usada para aliviar a tensão muscular ou para relaxamento quando a pessoa está submetida a outros tipos de tratamentos médicos. Para quem está saudável, pode ser um simples alívio ao estresse. A massagem em geral é segura quando feita por um terapeuta capacitado.

Escute e visualize

Se você tiver dez minutos e um lugar silencioso, pode fazer um descanso mental a qualquer hora. Escute um CD ou uma fita cassete de relaxamento que ajude a descansar a mente. As opções incluem:

- **Palavras.** Estas gravações contém falas que podem guiar você na meditação, instruindo sobre a redução do estresse ou conduzindo você a uma viagem visual imaginária em direção à paz.
- **Música relaxante ou sons da natureza.** A música possui o poder de afetar os pensamentos e sentimentos. A música suave e calma pode ajudar no relaxamento e na redução do estresse.

Não há um CD ou fita cassete únicos que funcionem para todos, portanto você deve experimentar vários para ver qual é o que funciona melhor no seu caso. Ouça amostras numa loja ou peça recomendações aos seus amigos ou a um profissional.

Mantenha a calma

Ficar estressado é normal, assim como ter que lidar com dificuldades para enfrentá-lo. Se recair em hábitos antigos, não se dê por vencido. Concentre-se no que pode fazer para ganhar o controle da situação.

Ajude você mesmo a manter a calma e a leveza usando os quatro "A" do controle de estresse: aliviar, alterar, adaptar e aceitar.

Aliviar

Uma grande quantidade de estresse pode ser evitada se você:

- **Controlar o que está a sua volta.** O trânsito está uma loucura? Saia mais cedo do trabalho. Detesta ficar na fila do almoço na empresa? Leve seu próprio almoço.
- **Evitar contato com as pessoas que incomodam você.** Se você tem um colega que faz com que você fique tenso, afaste-se dele.
- **Aprender a dizer não.** Se você tem muitas responsabilidades e muitas demandas no seu tempo, recuse pedidos que esgotam sua energia e não são essenciais.
- **Desligar o noticiário.** Todos nós sabemos que são as más notícias que vão ao ar. Escolha acender uma vela ou ler um livro relaxante alguns dias da semana.
- **Elimine parte da sua lista.** Marque a sua lista de pendências com A, B e C de acordo com a importância delas. Se o dia estiver muito cheio, elimine as pendências C.

Quando não puder ignorar um problema, tente outra técnica.

Alterar

Tente mudar a situação de forma que as coisas funcionem melhor no futuro:

- **Peça com respeito aos outros que mudem de conduta e esteja disposto a fazer o mesmo.** Os problemas pequenos com frequência criam outros maiores quando não são resolvidos.
- **Expresse os seus sentimentos de maneira aberta.** Faça afirmações usando a palavra "Eu", como "Eu me sinto frustrado com todo este trabalho para fazer, podemos fazer algo para equilibrar as coisas?".
- **Assuma riscos. Em algumas ocasiões a inatividade cria tensão.** Busque um projeto no qual você deseje realmente trabalhar. Arriscar-se pode fazer com que você se sinta bem, sem importar o resultado.
- **Controle melhor o seu tempo.** Por exemplo, agrupe tarefas semelhantes – telefonemas, cuidados com o automóvel e atividades no computador.
- **Estabeleça limites antecipadamente.** Em vez de se chatear com a demora de um colega, comece amavelmente a conversa, dizendo: "Tenho cinco minutos para fazer isso.".

Adaptar

A adaptação, ou seja, a mudança nos seus padrões e expectativas, é uma das melhores maneiras de enfrentar o estresse:

- **Ajuste os seus padrões.** Você sente necessidade de passar o aspirador e fazer faxina duas vezes por semana? Redefina limpeza e perfeição.
- **Procure deter seus pensamentos.** Pare com pensamentos pessimistas imediatamente. Deixe de definir uma situação estressante como negativa e quem sabe ela deixará de ser.
- **Redefina.** Analise sua situação por um novo ângulo. Ao invés de ficar frustrado porque teve que ficar em casa com seu filho doente, veja que esta é uma oportunidade para se relacionar com ele.
- **Adote um mantra.** Crie uma frase sua que diga, por exemplo: "Posso lidar com isso", e repita-a mentalmente em situações difíceis.
- **Pense no lado bom da vida.** Imagine as coisas que dão prazer a você na vida, como férias, crianças, animais de estimação. Pense logo nestas coisas boas quando ficar estressado.
- **Use o humor.** Permita-se ver um dia terrível como cômico. Ria diante da loucura de tudo.
- **Veja o quadro geral.** Pergunte-se: "Isto terá alguma importância daqui a um ano? Daqui a cinco anos?" A resposta normalmente é não.

Aceitar

Se você não tiver escolha e tiver que aceitar as coisas como são, tente:

- **Falar com alguém.** Ligue para um amigo e programe um descanso para tomar café. Você vai se sentir melhor depois de falar sobre o problema.
- **Perdoar.** Sentir raiva gasta energia. Perdoar pode exigir prática, mas ao fazê-lo você pode evitar mais energia negativa.
- **Sorrir.** Isto pode melhorar seu estado de ânimo. Sorrisos são contagiantes. É provável que logo os outros também sorriam.
- **Praticar o diálogo interno positivo.** Em vez de pensar: "Isto não vai funcionar", pense: "Posso fazer com que dê certo". Você pode encontrar mais exemplos na página 18.
- **Aprender com os seus erros.** Por exemplo, não pode mudar o fato de descuidos atrapalharem seu desempenho, mas pode controlar melhor seu tempo no futuro.

Escolha sua técnica

Saiba logo que não há uma técnica que funcione em todas as situações. Você não pode evitar todos os fatores estressantes na sua vida, e não deve aceitar todos os problemas que atravessem o seu caminho. Mas, se você praticar a aplicação de diferentes técnicas em diferentes circunstâncias, saberá melhor quando empregar uma ou outra.

Traga mais humor para a sua vida

Tente estes conselhos para aumentar o bom humor na sua vida:

- **Fique aberto ao humor.** Permita-se rir ou sorrir, ainda mais em tempos difíceis.
- **Cerque-se de humor.** Coloque caricaturas no seu lugar de trabalho ou na geladeira.
- **Busque o humor.** Veja o lado cômico de situações cotidianas, mas não ria à custa dos outros. Alugue um vídeo com seu filme de comédia favorito.
- **Compartilhe.** Conte piadas ao seu colega ou amigo; procure livros de piadas na livraria ou em uma biblioteca, e aumente o seu repertório para contar aos outros.

O bom humor ajuda

O humor pode ajudar a reduzir ou a aliviar o estresse ao proporcionar uma maneira positiva de ver seus problemas. O humor também pode ajudar você a perceber o ridículo ou o absurdo de uma situação.

Se você usar o humor para enfrentar obstáculos de maneira positiva, é menos provável que se sinta vítima. Por exemplo, em vez de se zangar consigo mesmo porque sempre pega o caminho errado para visitar um amigo, faça uma piada e diga: "Bom, pelo menos eu sou consistente!" Pode ser até que você fique animado pelo lado cômico da situação.

Rir é um ótimo remédio

O riso é um "estimulante interno". Boas gargalhadas não apenas aliviam o peso mental das coisas, como também produzem reações físicas no corpo. Quando você ri, estimula o coração, os pulmões e os músculos.

O riso também promove a liberação de endorfinas no cérebro. Endorfinas são substâncias naturais que trazem bem-estar e ajudam a ter uma atitude positiva.

Permita-se ter momentos de felicidade sem ficar culpado. O riso e o choro servem para fins similares: aliviar tensões acumuladas. É preciso encontrar um equilíbrio entre ambos na vida.

Mantenha uma forte rede de apoio social

Para atravessar o estresse dos tempos difíceis, é preciso uma forte rede de apoio social formada por amigos e parentes. Esta é diferente de um grupo de apoio que em geral é uma reunião estruturada conduzida por um profissional de saúde mental.

Ainda que ambos os grupos tenham um papel importante em momentos de estresse, a rede de apoio social é algo que pode ser desenvolvido quando você não estiver sob tensão. Dá alívio saber que os amigos estão disponíveis quando você precisa deles. Um descanso para tomar um café com um amigo no trabalho, uma conversa rápida com um vizinho ou até uma visita à igreja são sempre maneiras de reduzir o estresse ao mesmo tempo que fortalecem as relações com as pessoas próximas.

Desenvolvendo sua rede de apoio

Há aqui algumas sugestões para melhorar suas relações:

- **Mantenha contato.** Retorne ligações, e-mails e convites para que as pessoas saibam que são consideradas.
- **Seja pró-ativo.** Não espere que outra pessoa tome a iniciativa. Se conhecer alguém que parece ser um bom amigo, convide-o para tomar café.
- **Saiba quando dizer sim e quando dizer não.** Passar tempo com pessoas que não o apoiam pode aumentar o estresse e ser um desperdício de tempo valioso. Por outro lado, não recuse um convite por timidez ou insegurança.
- **Não seja competitivo.** Alegre-se em vez de sentir inveja quando seus amigos tiverem sucesso e eles também celebrarão os seus êxitos.
- **Tenha uma boa escuta.** Perceba o que importa aos seus amigos, quem sabe perceba até que vocês têm mais em comum do que pensa.
- **Imponha-se desafios.** Siga buscando maneiras de melhorar. Pode ser reclamar menos, ser mais generoso e perdoar as falhas dos outros.
- **Não exagere.** Ao tentar estender sua rede social, tenha cuidado para não oprimir seus amigos com telefonemas e e-mails. Reserve estes momentos de muita exigência para quando precisar de verdade.
- **Aprecie seus amigos e familiares.** Tome tempo para agradecer e expressar o quão eles são importantes para você.

Quando você recebe ou dá apoio aos amigos e familiares, desfruta as recompensas do consolo e da compaixão.

Quando procurar ajuda profissional

Como saber se o que afeta você é apenas estresse ou algo mais? Algumas doenças, como ataques de pânico ou depressão podem ser confundidas com sinais e sintomas de estresse.

Como reconhecer um ataque de pânico

Um ataque de pânico é um episódio repentino de medo intenso que provoca reações físicas. Normalmente começa de forma abrupta e alcança seu máximo em dez minutos. Se você sofre com frequência ataques de pânico ou se o medo destes afeta suas atividades, talvez sofra de uma doença chamada síndrome do pânico. Os sinais e sintomas de um ataque de pânico podem incluir:

- Aceleração do batimento cardíaco
- Enjôo ou vertigem
- Náusea ou transtornos estomacais
- Dificuldade para respirar ou sensação de sufoco
- Sensação de asfixia
- Tremor ou calafrios
- Calor ou transpiração
- Dor ou incômodos no peito
- Sensação opressiva de que vai acontecer algo ruim
- Medo de perder controle
- Medo de morrer

Ainda que antes os ataques de pânico fossem considerados como nervosismo ou estresse, hoje em dia são reconhecidos como um transtorno que pode tornar alguém incapaz, mas que pode ser tratado. Se você acredita na possibilidade de que sofra de ataques de pânico, fale de seus sintomas com um médico. Vários métodos, incluindo medicamentos, terapia e técnicas de relaxamento, podem ajudar você a controlar ou a prevenir os ataques de pânico.

Você está deprimido?

Os acontecimentos estressantes – como morte do cônjuge, divórcio, perda de emprego ou doença – podem desenvolver uma depressão. O tratamento rápido pode evitar que a doença se agrave. Os sinais e sintomas de depressão podem incluir:

- Tristeza persistente
- Irritabilidade frequente
- Sentimentos opressivos de ansiedade
- Perda do interesse ou prazer sexual
- Descuido das responsabilidades pessoais ou de atenção a si mesmo
- Mudança nos hábitos alimentares
- Mudança no padrão de sono
- Fadiga persistente ou falta de energia
- Diminuição da concentração, atenção ou memória
- Mudanças extremas de humor
- Sensação de impotência, aprisionamento, desesperança ou insignificância
- Pensamentos negativos contínuos
- Sintomas físicos como dor de cabeça ou dores crônicas que não respondem ao tratamento
- Aumento no uso de álcool e drogas
- Pensamentos de morte ou suicídio

Consulte seu médico ou outro profissional da saúde se você teve qualquer um dos sinais ou sintomas citados durante as últimas semanas. Se você pensa com frequência no suicídio ou faz planos de levá-lo a cabo, busque imediatamente atendimento ou ligue para o seu analista. Eles poderão dar a referência de um centro de atendimento de pessoas em crise na sua área.

Avaliação pessoal do nível de estresse

Cartões para lidar com o estresse

Negativo:
Nunca fiz isso antes.

Positivo:
É uma oportunidade para aprender algo novo.

Negativo:
Isso não vai funcionar.

Positivo:
Vou tentar fazer com que funcione.

Negativo:
Não vai dar tempo.

Positivo:
Vou reavaliar minhas prioridades.

- Programe-se para fazer exercícios regularmente.
- Faça exercício enquanto vê televisão.
- Faça exercícios com a sua família.
- Faça uma caminhada antes de ir trabalhar.
- Faça uma caminhada rápida depois do trabalho.
- Caminhe ou vá de bicicleta para o trabalho.
- Utilize as escadas sempre que possível.
- Tire descansos para se exercitar em vez de tomar um refrigerante.
- Faça mais atividade física. Tarefas domésticas também contam.

- Escute uma música relaxante.
- Saboreie o seu poema favorito ou entregue-se a um livro.
- Dance para aliviar o estresse.
- Faça um passeio, explore um lugar perto da sua casa onde nunca tenha ido antes.
- Escreva, faça um curso, ou algo que estimule sua mente.
- Tenha um encontro espontâneo com um amigo ou parceiro.

Para desenvolver um sistema de apoio, pense nestes recursos:

- Colegas de trabalho ou mentores
- Uma comunidade espiritual
- Familiares
- Amigos
- Clubes e organizações comunitárias
- Grupos de discussão ou sites de bate-papo online
- Seu médico ou um terapeuta
- Um programa de apoio ao funcionário
- Conselheiros profissionais

---

1. Escolha um lugar silencioso.
2. Sente-se de forma confortável.
3. Feche os olhos, relaxe os músculos e respire de forma natural e lenta.
4. Durante vários minutos, repita lentamente uma frase para concentrar-se, como "Estou calmo". Se outros pensamentos surgirem, volte sua atenção à frase enfocada.
5. Quanto terminar, sente-se em silêncio durante um ou dois minutos.

---

1. Inspire. Com a boca fechada e os ombros relaxados, inspire lentamente pelo nariz e conte até seis.
2. Faça uma pausa de um segundo.
3. Expire. Libere lentamente o ar pela boca contando até seis.
4. Faça uma pausa de um segundo.
5. Repita este ciclo de respiração várias vezes.